Postmoderne Aphorismen

*Gedankenfetzen zum
Paradoxon der Postmoderne*

Ralph Kremer

VORWORT

Der postmoderne Mensch hat keine existenziellen Probleme mehr und leidet bitterlich darunter.

Er macht sich endlose, fast ausschließlich extrinsisch geprägte Vorstellungen, wie das eigene Leben zu sein hat und zu perfektionieren ist, ohne sich selbst und seine wahren Bedürfnisse wirklich zu kennen.

Deshalb übersieht er mit dem weiten, verklärten Blick auf ein vermeintlich in der fernen Zukunft liegendes Glück, dass das Leben in seiner ganzen Schönheit und dem endlosen Potenzial, in den kleinen Momenten der Gegenwart Erfüllung und Freude zu finden, an ihm vorbeirauscht.

Diese Aphorismensammlung entstand aus diesem Paradoxon der Postmoderne. Sie ist zweisprachig deutsch und englisch, wie das heutige virtuelle Leben in den sozialen Netzwerken, Kurznachrichten und Kommentarspalten. Die jeweils andere Sprache wurde als Übersetzung ergänzt.

Viel Spaß. RK.

Postmoderne Aphorismen

Das Paradoxon
der Postmoderne

Postmoderne Aphorismen

Das Paradoxon der Postmoderne

Nichts ist so durchschnittlich,
wie der Wunsch
etwas Besonderes zu sein.

There is nothing
more ordinary than
the desire to be special.

Das Paradoxon der Postmoderne

*Most people don't strive for things
that make them happy.*

*They just strive for things
that make them look good.*

*Die meisten Leute streben nicht
nach Dingen, die sie glücklich machen.
Sie streben nur nach Dingen,
die sie gut aussehen lassen.*

Das Paradoxon der Postmoderne

*Unsere neue, postmoderne Generation
ist so zwanghaft auf der Suche nach Glück,
dass sie dabei ganz vergisst,
Spaß zu haben.*

*Our new, postmodern
society strives so desperately for happiness
that they miss out on all the fun!*

Das Paradoxon der Postmoderne

What most people really don't get

is that a life that looks good
and a life that feels good

often are very different things.

Was die meisten Menschen einfach nicht verstehen
ist, dass ein Leben, das gut aussieht
und ein Leben, das sich gut anfühlt,
sehr oft zwei sehr unterschiedliche Dinge sind.

Das Paradoxon der Postmoderne

*Die Menschen heute sind so
hoffnungslos von ihrem Leben gelangweilt,
dass sie permanent auf der Suche nach Dingen
sind, über die sie sich aufregen können.*

*People today are so hopelessly bored
by their own lives
that they never stop searching for things
to get upset about.*

Das Paradoxon der Postmoderne

Ich habe noch nie verstanden,
warum sich Menschen die Laune durch
Aussagen von Personen verderben lassen,
die sie ohnehin nicht leiden können.

I have never understood why people let statements
of individuals they do not like spoil their mood.

Das Paradoxon der Postmoderne

Many people have very strong opinions about things they never spent a single moment actually thinking about.

Combined with the inability to admit being wrong, this is a much bigger issue for society than currently realized;

especially when those people become politicians... or even only vote.

Viele Menschen haben eine sehr entschiedene Meinung zu Dingen, über die sie noch nicht mal den kürzesten Moment tatsächlich nachgedacht haben.

In Kombination mit der Unfähigkeit einzugestehen, wenn man Unrecht hat, ist dies ein größeres gesellschaftliches Problem, als wir realisieren;

besonders dann, wenn diese Leute in die Politik gehen ... oder auch nur wählen.

Das Paradoxon der Postmoderne

Die Krise ist systemimmanent.

The crisis is inherent to the system.

Das Paradoxon der Postmoderne

*Einer der größten Erfolgsfaktoren
für die sprichwörtlichen Karrieremacher
ist ihr latenter Minderwertigkeitskomplex
mit dazugehöriger Profilierungsneurose.*

*The so-called careerists' main key to success
consists in their latent inferiority complex
and the compulsive craving for recognition
that goes along with it.*

Das Paradoxon der Postmoderne

Viele Menschen haben einen latenten Drang zu leiden, weil sie unbewusst annehmen, dafür von irgendeiner höheren, alles ausgleichenden Macht belohnt zu werden.

Das Universum soll also gerecht sein.

Ich kann nicht daran glauben, dass sich das Universum darüber Gedanken macht, und die Empirie sagt auch etwas deutlich anderes.

Many people have a latent urge to suffer because subconsciously they assume they will be rewarded by some sort of balancing universal power.

They assume that the universe is fair.

I cannot believe that the universe worries about fairness, and empirical evidence also suggests otherwise.

Das Paradoxon der Postmoderne

Eine der größten Quellen der Ungerechtigkeit
ist die (völlig abstruse) Annahme,
dass alle Menschen gleich sind.

One of the main sources for injustice
is the (totally absurd) assumption
that people are all the same.

Das Paradoxon der Postmoderne

Verschwörungstheoretiker sind es meist deshalb, weil sie beim vernünftigen und objektiven Blick auf die Welt und sich selbst sehr schnell erkennen würden, wie unbedeutend, durchschnittlich und einfältig sie sind – und das passt nun wirklich nicht in ihr Weltbild.

The main reason conspiracy theorists are conspiracy theorists is that a reasonable and objective look at the world and their place in it would quickly reveal to them how insignificant, average and simple-minded they actually are – and that insight would really clash with their worldview.

Das Paradoxon der Postmoderne

Wir Deutschen sind ein Phänomen: Wir leben in einem der reichsten Länder der Welt und sind doch permanent unzufrieden.

Diese Erkenntnis ist allerdings nicht mehr neu.

Die Ironie bei der Sache ist nur, dass wir nicht so erfolgreich wären, wenn wir nicht so unzufrieden wären.

We Germans are quite the phenomenon.

We live in one of the richest countries in the world and still manage to be permanently discontent.

The irony is that we wouldn't be so successful were our nature less discontent.

Das Paradoxon der Postmoderne

Some people live to have a fulfilling, fun life...

*others just live
to produce Instagram or Facebook posts.*

Manche Menschen leben, um ein erfüllendes und spaßiges Leben zu führen ... andere leben nur um Instagram- oder Facebook-Posts zu produzieren.

Die Mitte
der Gesellschaft

Postmoderne Aphorismen

Die Mitte der Gesellschaft

*The problem with power is
that it attracts people
who shouldn't have it.*

*Das Problem mit der Macht ist, dass
sie einen Schlag von Menschen anzieht,
der keine Macht haben sollte.*

Die Mitte der Gesellschaft

Der fundamentale Makel der Demokratie
ist der Irrglaube,
die Masse träfe gute Entscheidungen.

Democracy's fundamental flaw
is the assumption
that the masses make smart decisions.

Die Mitte der Gesellschaft

*Ein System muss sich vor allem auch daran
messen lassen, wie gut es ihm gelingt,
genau die Menschen an die neuralgischen
Punkte der Gesellschaft zu bekommen,
die aufgrund ihrer Fähigkeiten
diese Aufgabe auch am besten ausfüllen.*

*Unserer heutigen Politikelite
kann man diesen Anspruch überwiegend
noch nicht mal verständlich machen.*

*A political system must be measured especially by
its ability to place those people at the neuralgic
points of society who are truly the most qualified to
do the job. Today's political class doesn't even seem
to grasp what this means.*

Die Mitte der Gesellschaft

Zu viel Disziplin schadet dem Charakter.

*Too much discipline
is bad for your personality.*

Die Mitte der Gesellschaft

*Die Menschen sind sehr viel unterschiedlicher,
als sie selbst glauben und wahrhaben wollen.*

*People are a lot more different
from each other than they believe
or want to admit.*

Die Mitte der Gesellschaft

Sore losers should not win either.

*Menschen, die nicht verlieren können,
sollten auch nicht gewinnen.*

Die Mitte der Gesellschaft

Die meisten Menschen leben nicht –
sie versuchen nur, nicht zu sterben.

Most people don't live;
they just try not to die.

Die Mitte der Gesellschaft

*Es ist eine absurde Illusion zu glauben,
man könne eine Diskussion
über Gleichberechtigung zwischen
verschiedenen sozialen Gruppen führen,
ohne sehr direkt und objektiv
über deren Unterschiede zu reden.*

*It is an absurd illusion to think that you can
talk about equality between social groups
without directly and objectively
talking about their differences.*

Die Mitte der Gesellschaft

*Die meisten Menschen
geben sich mit dem Planen
eines großen Lebens zufrieden
und führen es dann doch
in der Mittelmäßigkeit.*

*Most people are quite satisfied
with the planning of a great life,
while spending it in mediocrity.*

Die Mitte der Gesellschaft

*Die traurige Wahrheit ist,
dass wir heute noch nicht bereit,
im Sinne von fähig sind, Afrika zu retten.*

*Unsere eigene Gesellschaft muss geistig
noch weiterentwickelt werden,
damit wir auch endlich die kollektive mentale
Einstellung im Westen finden,
Afrika vor allem nicht weiter zu ruinieren.*

*The sad truth is that today we are just not ready yet
with the meaning of "being able" to save Africa.
Our own society has to evolve quite a bit for the
western countries to reach a collective state of
mind that prevents us from,
above all ruining Africa even more.*

Die Mitte der Gesellschaft

Most people seem to think of life as a fight.
I prefer to look at it as a game.

Die meisten Menschen
scheinen das Leben als Kampf zu sehen.
Ich betrachte es lieber als Spiel.

Die Mitte der Gesellschaft

*Die Amerikaner sind wohl das einzige
Volk der Welt, das es geschafft hat,
das Wort "sozial"
zu einem Schimpfwort zu machen.*

*Americans must be the only people in the world
who managed to turn the word "social"
into an insult.*

Die Mitte der Gesellschaft

*Es ist eine der auffälligsten und absurdesten
Eigenschaften der Menschen, vor allem
in diesem Land, dass sie sich für besonders
gebildet und kultiviert halten, wenn sie
möglichst viel und viele kritisieren,
keine Essensbestellung ohne Sonderwünsche
abgeben, keinen Wein ohne Kommentar zu
dessen Note trinken können und alles und
jeden anderen für ignorant und einfältig
halten.*

Ach, welch' perfekte Ironie!

*It is one of the most striking and absurd
characteristics of people, especially in this country,
that they seem to consider themselves especially
educated and sophisticated when criticising as
many and as much as possible. They can't order a
meal without special requests, no wine without
commenting on its notes and believe everything
and everyone else to be stupid or ignorant.
Oh the perfect irony!*

Die Mitte der Gesellschaft

*Die meisten Menschen vertreten
doch lediglich die Werte, die ihre eigene
Existenz, ihre vergangenen Entscheidungen,
ihr Handeln und ihren Charakter
am besten rechtfertigen.*

*Most people merely support the values
that best justify their own existence, past actions
and decisions, and character.*

Die Mitte der Gesellschaft

Jeder Mensch, der es schafft
in diesem Leben zurechtzukommen,
hat meinen tiefen Respekt und Anerkennung.

Everyone
who manages to cope with this life
has my deepest respect and appreciation.

Postmoderne Aphorismen

Realität und Leben

Postmoderne Aphorismen

Realität und Leben

Das Ausmaß des Besonderen
hängt immer ab
von der Definition des Normalen.

The extent of what's special
always depends on
the definition of what's ordinary.

Realität und Leben

Autumn...

must be the most beautiful place on earth.

Der Herbst...
ist wohl der wunderschönste Ort der Welt.

Realität und Leben

*You have to play the game
to change the rules.*

*Du musst das Spiel spielen,
um die Regeln zu ändern.*

Realität und Leben

Verrücktheit ...

ist nur das Verlangen nach Extremen.

Craziness ...
is only a desire for extremes.

Realität und Leben

Disziplin ist etwas für Menschen,
die Ihre Laster nicht im Griff haben.

Discipline is for people
who can't control their vices.

Realität und Leben

Be careful who you call lazy.

*Many of the most productive people
in history were really lazy.*

*Sei sehr vorsichtig damit, wen Du
als faul bezeichnest. Einige der produktivsten
Menschen der Geschichte waren ziemlich faul.*

Realität und Leben

Don't try living in paradise.

Where there is nothing to worry about there is nothing to wonder about.

Versuche nicht, im Paradies zu leben.
Wo man sich keine Sorgen machen muss, gibt es auch nichts zu wundern.

Realität und Leben

Heute schreiben wir
die Geschichte von morgen!

Lasst uns sicherstellen,
dass unsere Kinder
etwas Schönes zu lesen haben.

We are writing tomorrow's history today!
Let's make sure our children
have something pleasant to read.

Realität und Leben

Man muss nicht wissen,
was danach kommt,
um sagen zu können,
dass das Davor nicht gut war.

You don't need to know what's coming to be able to
tell that what is shouldn't be.

Realität und Leben

*Man muss keine
hohe Meinung von Menschen haben,
um sie zu mögen.*

*You don't have to think highly
of people to like them.*

Realität und Leben

*Das Los des Optimisten ist es,
permanent enttäuscht zu werden.*

*It is the optimist's fate
to be constantly disappointed.*

Realität und Leben

*Wenn ich darüber nachdenke, wieviel
in jeder einzelnen Situation jedes
einzelnen Individuums schiefgehen könnte,
und wieviel Möglichkeit jeder einzelne Mensch
hat, sofort und ohne Vorbereitung
oder Aufwand totales Chaos zu stiften,*

*wird mir jedes Mal bewusst,
in welcher letzten Endes doch
vernünftigen und auf Selbsterhalt ausgelegten
Gesellschaft wir leben...*

*so überraschend
diese Erkenntnis auch sein mag.*

*When I think how much can go wrong in every
single situation for every single individual
and how much opportunity every single person has
to create total chaos, instantly
and with no preparation or effort,*

*I realize that we do, after all, live in a world that is
sane and self-preserving...*

however surprising this conclusion might seem.

Postmoderne Aphorismen

Arbeit und Alltag

Postmoderne Aphorismen

Arbeit und Alltag

*Manchmal muss man damit zufrieden sein,
das geringste Übel zu sein.*

*Sometimes you have to be satisfied
being the lesser evil.*

Arbeit und Alltag

You can't blame the trout
if you don't know how to fish.

Man darf nicht den Fischen die Schuld geben,
wenn man keine Ahnung vom Angeln hat.

Arbeit und Alltag

Der viel zitierte Vorführeffekt
ist meist nichts anderes als
das Abstellen der selektiven Wahrnehmung.

The oft-cited demonstration effect is usually
no more than a cessation of selective perception.

Arbeit und Alltag

Können schafft Verantwortung.

Abilities create responsibilities.

Arbeit und Alltag

Geld hat keine Vorurteile.

Money knows no prejudice.

Arbeit und Alltag

Nicht jeder gerechtfertigte Anspruch
an Menschen und ihr Verhalten im Sozialleben
ist auch schwerwiegend genug,
als dass sich diese Menschen deshalb
umgehend und grundlegend ändern müssten.

Das nennt man Toleranz.

Versuch ein netter Mensch zu sein,
alles andere darf zur Debatte stehen.

Not every demand on individuals and their social
behaviour, however justified,
is severe enough to require them to change
fundamentally and immediately.

This is called tolerance.

Try to be nice. All else is open for discussion.

Arbeit und Alltag

Stop fixating on what you don't have!

Hör auf, Dich auf die Dinge zu fixieren,
die Du nicht hast!

Arbeit und Alltag

In a grown-up discussion
that should apply some reason
you always win if you don't fight.

In einer Diskussion unter Erwachsenen,
welche den Anspruch der Vernunft hat,
gewinnt man immer, wenn man nicht streitet.

Arbeit und Alltag

*Wer ein zu positives Menschenbild hat,
wird häufig enttäuscht werden.*

*Wer hingegen keine hohen Erwartungen an die
Menschen hat, darf sich zumindest manchmal
daran erfreuen, überrascht zu werden.*

*People whose view of humans is
excessively positive will always be disappointed.*

*People who don't expect much from others,
however, will at least be surprised at times.*

Arbeit und Alltag

*People are always saying
that you should find yourself.*

*What if one day you really do and it turns out...
you don't like yourself?*

*Es wird immer gesagt, man müsse sich selbst
finden. Was, wenn man sich endlich
selbst findet und dann feststellt,
dass man sich nicht leiden kann?*

Pseudoweisheiten

Postmoderne Aphorismen

Pseudoweisheiten

Ausnahmen bestätigen nicht die Regel,
sie widerlegen sie.

(Wer sagt „Ausnahmen bestätigen die Regel" hat
das Prinzip der Falsifikation nicht ganz verstanden.)

Those who say "the exception proves the rule"
haven't really understood
the scientific principle of falsification.

Pseudoweisheiten

Kleider machen keine Leute.
Sie machen Spiegelbilder.

Arm der Mensch,
der den Unterschied nicht erkennt.

Clothes don't make the man;
they make reflections.

Pitiful are those who don't recognize the difference.

Pseudoweisheiten

Nur, weil etwas nicht schiefgegangen ist,
heißt es noch lange nicht,
dass es richtig war, es zu tun.

Just because something didn't go wrong
doesn't mean that is was a smart idea.

Pseudoweisheiten

Everybody can make it – theoretically.

In truth, only very few actually will!

Natürlich kann „es" jeder schaffen... theoretisch.
In Wirklichkeit schaffen es aber nur wenige!

Das Leben und die Liebe

Postmoderne Aphorismen

Das Leben und die Liebe

Wir dürfen uns den Spaß durch die Perspektivlosigkeit nicht verderben lassen.

*We shouldn't let our fun
be spoiled by a lack of prospects.*

Das Leben und die Liebe

*Die Liebe habe sich nach dem Leben zu richten,
nicht das Leben nach der Liebe.*

Love has to adapt to life, not life to love.

Das Leben und die Liebe

Schönheit ...

> *ist ein zeitlich begrenzter Begriff*
> *und steht in starker Abhängigkeit*
> *von der Dauer der Erfahrung.*

Beauty is a temporary term strongly
dependent on the duration of experience.

Das Leben und die Liebe

Was die meisten Menschen
für Romantik halten,
ist meist nur Kitsch,
oftmals kombiniert mit Dekadenz.

What most people take for romantics,
is usually nothing but kitsch,
often combined with decadence.

Das Leben und die Liebe

*Ich sehe es durchaus als Zeichen
von Zivilisation und Intelligenz an,
wenn sich Männer für Frauen
nicht mehr zum Affen machen.*

*I really do see it as a sign of
civilisation and intelligence if men stop
making fools of themselves for women.*

Das Leben und die Liebe

*In unserer heutigen Gesellschaft
ist eine Beziehung
doch häufig nur ein Placebo für Glück.*

*In today's society
relationships very often are
only placebos for happiness.*

<u>Glück</u>

Postmoderne Aphorismen

Glück

*Von den Ärmsten der Welt
kann man das Lachen lernen.*

*The world's poorest
can teach us to smile.*

Glück

Es ist am einfachsten
mit dem eigenen Leben zufrieden zu sein,
wenn man die Möglichkeit hat,
es jederzeit zu ändern.

Being content with your life is easiest
when you have the option
to change it at any time.

Glück

*Sehr disziplinierte Menschen
beneide ich zwar um Ihre Fähigkeit
sich selbst zu ermahnen,*

nicht aber um ihr Leben.

*I envy highly disciplined people their ability to
exhort themselves – but not their lives.*

Glück

*It is of particular importance
to realize the difference between
being happy and being lucky.*

*The goal has to be to become happy
without the need for being lucky.*

There is no skill in winning the lottery.

*But there is skill in
making the right life choices.*

---

*Es ist wichtig den Unterschied zwischen
„Glück haben" und „glücklich sein" zu kennen.*

*Ziel sollte es sein, glücklich zu werden, ohne darauf
angewiesen zu sein, Glück zu haben.*

Es bedarf keiner Fähigkeit, im Lotto zu gewinnen.

*Aber es ist eine Fähigkeit, im Leben die richtigen
Entscheidungen zu treffen.*

Glück

*Einer der wichtigsten Einflüsse
auf das persönliche Glück
ist ein ausreichender Grad an Indifferenz.*

*One of the most important factors
for personal happiness
is a sufficient degree of indifference.*

Glück

If ignorance is bliss,
indifference is sublime.

Wenn Unwissenheit ein Segen ist,
ist Indifferenz die Erleuchtung.

Glück

Don't decide what kind of person you would like to be; find out what kind of person you already are and what makes you happy.

You are not going to reach happiness by forcing yourself to be someone you are not, and it might take a very long time to figure that out.

Realizing this is what they call midlife crisis.

Um glücklich zu werden, darfst Du nicht einfach versuchen zu entscheiden, was für ein Mensch Du sein und welches Leben Du führen möchtest.

Du musst herausfinden, welcher Mensch Du bereits bist und was Dich glücklich macht.

Du wirst nicht glücklich werden, wenn Du Dich dazu zwingst jemand zu sein, der Du nicht bist, und es kann sehr lange dauern, dies herauszufinden.

Das nennt man dann üblicherweise Midlife Crisis.

Glück

Der Glaube,
glücklich werden zu können,
indem man sein Leben lang nur sinnvolle,
anständige und vernünftige Dinge tut,
ist absurd.

The belief that you could make yourself happy by
only doing reasonable, decent and meaningful
things is absurd.

Religion, Evolution & Co.

Postmoderne Aphorismen

Religion, Evolution & Co.

*Gott ist nur die esoterische Form des Glaubens
an ein deterministisches Universum.*

*God is merely the spiritual version
of a belief in a deterministic universe.*

Religion, Evolution & Co.

*We all seek our
explanations of the world.*

*Rationality leads you to science,
spirituality leads you to Buddhism...*

and fear leads you to religion.

*Wir alle suchen nach einer Erklärung für die Welt.
Rationalität führt einen dabei zur Wissenschaft.
Spiritualität zum Buddhismus.
Und Angst zur Religion.*

Religion, Evolution & Co.

Evolution...

    is merely God's version of trial and error.

*Evolution ... ist nichts anderes
als Gottes Version von „Trial and Error".*

Religion, Evolution & Co.

*Vielleicht ist das oberste Ziel Gottes,
sich selbst überflüssig zu machen!*

*Maybe God's highest goal
is to become redundant.*

Religion, Evolution & Co.

Der einzige Hinweis, den wir auf einen Schöpfer haben, ist die Tatsache, dass wir hier sind.

Und noch nicht einmal dessen können wir uns sicher sein.

(Unter diesem Gesichtspunkt sind die meisten Religionen ziemlich gewagte Hypothesen.)

The only true indication for the existence of a creator is the fact that we are here.

And we cannot even be entirely sure of that.

(This makes most religions appear really long-shot efforts.)

Religion, Evolution & Co.

Der Glaube an einen Schöpfer ist für mich einfach eine Frage einer intellektuellen Evolution.

Im 21.Jahrhundert fällt es einem schwer, an einen allwissenden und allmächtigen Schöpfer zu glauben. Es scheint einfach nicht wahrscheinlich, dass diese Welt jene ist, welche ein solcher Schöpfer erschaffen würde.

Es ist vor allem auf der Ebene der Kollektive schwer, sich von vergangenen, tief in der Gesellschaft verankerten Glaubensgrundsätzen zu lösen.

Der erste Schritt ist jeweils der in den Nicht-Glauben. Das Problem mit dem Nicht-Glauben ist nun, dass er nicht erklärt, wo wir herkommen, sondern es lediglich als gegeben akzeptiert. Das ist vielleicht sehr beruhigend und stressfrei, aber für den neugierigen Geist leider nicht befriedigend.

I think that the belief in creation and a creator is simply a question of intellectual evolution.

*In the 21st century, people are having trouble with believing in an all-knowing, all-mighty creator.
It just doesn't seem very likely that ours is the world that such a creator would create.*

On a collective level it seems particularly challenging to let go of long-established and deep-seated beliefs.

*The first step is to overcome these thought barriers and reach a state of non-belief.
The problem with non-belief is that it doesn't explain where we come from but merely accepts that we are.*

While this may be a soothing attitude, it does not satisfy the curious mind.

Religion, Evolution & Co.

*Für die soziale, kulturelle und humanitäre
Entwicklung der Menschheit
scheint der Glaube an einen Schöpfer
recht notwendig zu sein.*

Nicht aber seine Existenz.

*The belief in a creator seems to be essential
for humanity and our social, cultural and
humanitarian development.
Not, though, his actual existence.*

Religion, Evolution & Co.

Die Welt wird immer komplexer, sagst Du?

So ist das eben, wenn man Gott abschafft.

The world is getting more and more complex, you say? Well, that's what happens when you dispose of God.

Religion, Evolution & Co.

Evolution ist ja eine schöne Sache.
Nur muss man sich fragen, ob das,
was am fähigsten ist zu überleben,
auch das ist,
was am Ehesten überleben sollte.

Evolution is quite a nice thing.
The only thing one should ask is,
if the species, which is fittest to survive is also the
one, that really should survive.

Religion, Evolution & Co.

When you look at it purely
there really is no downside in dying...
other than the process of it.

If there is an afterlife it is likely to be
more exciting than this one.

If there is none –
well, you couldn't really care then, could you?

Wenn man es ganz ungetrübt betrachtet, gibt es
keine Kehrseite des Sterbens...
abgesehen von dem Akt an sich.

Sollte es ein Leben nach dem Tod geben, so ist es
recht wahrscheinlich besser als dieses.

Gibt es keins, kann einen das dann auch nicht mehr
interessieren, oder?

Postmoderne Aphorismen

Der Mensch als Individuum

Postmoderne Aphorismen

Der Mensch als Individuum

*Man ist erst richtig echt,
wenn man in den Augen der Mehrheit
aus dem Rahmen fällt.*

*You only know that you are truly authentic
when the mainstream calls you weird.*

Der Mensch als Individuum

*Der wichtigste Grund
für den Erfolg mancher Menschen
ist ihr Mangel an Selbstbewusstsein...*

*gepaart mit einem
latenten Minderwertigkeitskomplex,
einer ausgeprägten Profilierungsneurose
und der fehlenden Fähigkeit zur
Selbstreflexion.*

*The main reason for some peoples' success
is their lack of self-confidence...*

*paired with a latent inferiority complex,
an extreme craving for recognition,
and a lack of the ability for self-reflection.*

Der Mensch als Individuum

Gewohnheit...

> *ist die Inflation des Glücks.*

> *(...mit individueller Inflationsrate.)*

Habit ... is the inflation of happiness.

(...with individual inflation rate.)

Der Mensch als Individuum

Es bedarf viel Mut,
Erwartungen zu enttäuschen.

Falling short of expectations
takes a lot of courage.

Der Mensch als Individuum

*Die Menschen unterschätzen vollkommen
die Fähigkeit, Dinge zu akzeptieren,
die man nicht ändern kann.*

*People underestimate
the importance of being able
to accept realities you can't change.*

Der Mensch als Individuum

*Man kann sehr viel
über einen Menschen aussagen,
wenn man weiß,
was diesem Menschen wichtig ist.*

*You can tell a lot about people
if you know what's important to them.*

Der Mensch als Individuum

Wenn man verstanden hat,
warum Menschen etwas tun,
hat man den Menschen verstanden.

If you understand
someone's motives
you understand that person.

Postmoderne Aphorismen

Denken und Geist

Postmoderne Aphorismen

Denken und Geist

A beautiful mind...
often comes with a bad memory.

Ein schöner Geist ...
bringt häufig ein schlechtes Gedächtnis mit sich.

Denken und Geist

*Wir müssen noch
sehr viel besser darin werden,
unseren Kindern das Denken beizubringen
und nicht nur das Lernen.*

*We need to get much better
at teaching our children how to think,
and not just how to learn.*

Denken und Geist

*Wer seine Meinung zu vehement vertritt,
hat sie meistens nur nicht richtig durchdacht.*

*Those who are too sure of their opinion
often haven't thought it through properly.*

Denken und Geist

Thinking is like a maze...

something beautiful, something scary,
something exciting might lurk
around every corner.

Most people just take the wide, straight,
and well-trodden path right through the
middle and consider this smart.

Denken ist wie ein Labyrinth...

mit der Chance auf etwas Wundervolles, etwas
Beängstigendes, etwas Aufregendes hinter jeder
Ecke.

Die meisten Menschen nehmen leider die breite,
ausgetretene und bekannte Straße des Denkens
und halten das auch noch für klug.

Denken und Geist

Wer lernt, denkt nicht.

Those who study do not think.

Denken und Geist

*Man darf Menschen nicht auf Basis
der Ergebnisse Ihres Denkens bewerten,
sondern nur auf Basis der diesem Denken
zugrunde gelegten Annahmen, Werte und der
Objektivität der gezogenen Schlüsse.*

*Man kann aus völlig konträren Gründen der
gleichen Meinung sein.*

*Für die Schlussfolgerungen kann der objektiv
Analysierende und logisch Denkende nichts.*

*One shouldn't judge people on the outcome
of their thinking but only on the grounds
of their applied assumptions, values,
and the objectivity of the drawn conclusions.*

*It is possible to hold the same opinion
for totally contrary reasons.*

*The outcome is hardly the fault
of the objectively analysing
and logically thinking individual.*

Denken und Geist

Kreativität heißt,
an der richtigen Stelle die Regeln zu brechen.

Creativity means
breaking the rules in the right moment.

Denken und Geist

Ich glaube nicht.
Ich akzeptiere Wahrscheinlichkeiten.

I do not believe.
I accept probabilities.

Denken und Geist

*Die Entstehung von Gedanken
– dieser Moment, wenn eine Idee aus dem
Nichts in Dein bewusstes Denken tritt –
ist für mich eines der
größten Mysterien des Seins.*

*So groß wie der Urknall
oder die Entstehung des Lebens.*

*The emergence of a thought
– this tiny moment when an idea
pops into your conscious mind –
is to me one of the most
mysteriously divine moments of existence.*

Very much like the Big Bang or the origin of life.

Denken und Geist

Der Abstand zur Zivilisation
schafft eine geistige Freiheit,
die jeden Menschen
zum Philosophen machen kann.

Distance to civilization creates
a mental freedom that can turn everyone
into a philosopher.

Denken und Geist

Nur weil Du alleine mit Deiner Meinung bist,
heißt das noch lange nicht,
dass Du im Unrecht bist.

Es muss immer einen geben,
der das Neue als Erster denkt.
Die größten Geister der Geschichte
waren auch immer die, die man am Anfang
für verrückt bis einfältig hielt.

Man muss sich nur ehrlich die Frage stellen,
ob es sein kann, dass man
ein solcher Mensch ist.

Tja und dann zeigt sich doch wieder,
dass es zwar möglich, aber sehr, sehr
unwahrscheinlich ist, alleine Recht zu haben.

Just because no one shares your opinion
doesn't necessarily mean that you are wrong.

Someone always has to be the one
to think a new thought first.
The biggest minds in history have always been the
ones to be considered crazy or foolish.

You just have to honestly ask yourself if it is really
possible that you are one of those people.

While that may be possible, alas, it is highly unlikely
that you alone know the truth.

Denken und Geist

Wenn Du die gleiche Meinung hast,
wie alle um Dich herum,
ist es sehr wahrscheinlich, dass Du noch nie
über Deine Meinung nachgedacht hast.

Wenn Du immer anderer Meinung bist,
als alle um Dich herum,
ist es sehr wahrscheinlich, dass Du noch nie
über Deine Meinung nachgedacht hast.

*If you share the opinion of everyone around you
it is quite likely that your opinion
isn't really based on thought.*

*If your opinion is always different from that of
everyone around you it is quite likely that your
opinion isn't really based on thought.*

Wissen und Erkenntnis

Postmoderne Aphorismen

Wissen und Erkenntnis

*Der Unterschied
zwischen Wissen und Erkenntnis?*

*Dem Erkennenden ist das Wissen nichts
anderes als die Formulierung des Erkannten.*

Dem Wissenden ist es die Welt.

*The difference between knowledge
and true perceptual insight?*

*For the seeing, knowledge means no more
than the formulation of an insight.*

For the knowing, it means the world.

Wissen und Erkenntnis

Vielen Menschen tut
zu viel Bildung nicht gut,
weil sie zu viel wissen
und nichts verstanden haben.

Many people do not profit from too much
education. They know too much
and understand too little.

Wissen und Erkenntnis

*Die Menschheit wirft so oft
angestammtes Wissen über den Haufen,
dass man eigentlich nichts mehr glauben kann
...oder muss.*

*Society so frequently knocks
long-established knowledge on the head that we
can't really believe anything
...nor do we need to.*

Wissen und Erkenntnis

*Just because you can't think
of any other explanation
doesn't mean there isn't one.*

*Nur weil Du keine andere Erklärung hast, heißt das
doch nicht, dass es keine gibt.*

Wissen und Erkenntnis

*Das Geheimnis des wahren Lehrers ist,
dass jeder ihn nur für
den begabten Schüler hält.*

*The secret of a true teacher is
that everyone just thinks of him
as the talented pupil.*

Wissen und Erkenntnis

*Was manche für Weisheit halten, ist meist
nichts anderes als gut etablierte Vorurteile.*

*What some people believe to be wisdom
is often just a set of well-established prejudices.*

Wissen und Erkenntnis

Keine Wahrheit ist für die Ewigkeit.

No truth is eternal.

Wissen und Erkenntnis

Some people don't take anything seriously because of ignorance...

others because of insight.

Manche Menschen nehmen aus Ignoranz nichts ernst ... andere aus Erkenntnis.

Wissen und Erkenntnis

Es muss immer einen geben,
der eine neue Erkenntnis als Erster hat.

To every new insight
there has to be one who sees it first.

Wissen und Erkenntnis

Manchmal macht es keinen Unterschied,
ob man wirklich gemacht
oder nur gedacht hat.

Sometimes it makes no difference whether you just
thought something or really did it.

Wissen und Erkenntnis

*My problem with Buddhism is
that it tells you to be a nice person
but doesn't inquire any further
into life, the universe, and everything.*

*I think at least the latter part goes against
human nature ... and mine in particular.*

*Mein Problem mit dem sonst wunderbaren
Buddhismus ist, dass er Dir sagt „sei ein netter
Mensch", aber nicht weiter nach dem Leben, dem
Universum und dem ganzen Rest fragt.*

*Ich denke das geht gegen die menschliche Natur ...
und besonders meine.*

Wissen und Erkenntnis

*Sicherheit bezüglich der eigenen Meinung
ist den Ignoranten vorbehalten.*

*Certainty about one's own opinions
is the privilege of the ignorant.*

Intelligenz und Dummheit

Postmoderne Aphorismen

Intelligenz und Dummheit

Am meisten offenbart sich die Dummheit eines Menschen darin, was er für schlau hält.

A person's stupidity is best revealed by what they consider to be smart.

Intelligenz und Dummheit

*Kluge Menschen
lernen auch aus den Fehlern der anderen,
dumme oft nicht mal aus den eigenen.*

*Smart people learn from other people's mistakes;
stupid people don't even learn from their own.*

Intelligenz und Dummheit

*Es gehört zu den großen Ironien
der Natur und des menschlichen Daseins,
dass die Dummheit eines Menschen in diesem
gleichzeitig die Illusion erzeugt, er stünde an
der intellektuellen Spitze der Gesellschaft;*

*trotz unzähliger Hinweise
in seinem Leben auf das Gegenteil.*

*It is one of the big ironies in nature and
human existence, that one's stupidity also creates
the illusion he stands at the intellectual apex of
society ... no matter how much proof there is for
this throughout his life to show otherwise.*

Intelligenz und Dummheit

Smart people make me happy.

Schlaue Menschen machen mich glücklich.

Intelligenz und Dummheit

Der Unterschied zwischen Physis und Psyche?

*Ein kleiner Mensch kann ganz genau sehen,
wie groß ein anderer ist.*

*Ein dummer Mensch hingegen
hat keinerlei Ahnung von der intellektuellen
Größe eines klugen Menschen.*

*The difference between body and mind?
While a short person can easily see how tall
another is, a stupid person doesn't grasp the
intellectual substance of a smart person.*

Intelligenz und Dummheit

*Die erste Stufe der Intelligenz ist es,
die eigene Beschränktheit zu erkennen.*

*The first step of intelligence
is recognizing your own limitations.*

Intelligenz und Dummheit

Simple minds have simple rules.

Einfache Geister haben einfache Regeln.

Intelligenz und Dummheit

*Es gibt kaum ein dümmeres
menschliches Verhalten, als anzunehmen,
mein Gegenüber wäre dumm, weil er in
meinem
Spezialgebiet weniger Wissen hat als ich.*

*Die Schlussfolgerung der Dummheit wird am
schnellsten durch die Dummen getroffen.*

*Der Schlaue sucht immer nach dem
versteckten Genie in jedem, von dem er weiter
lernen kann.*

*Der Dumme glaubt immer daran,
die Spitze der Zivilisation darzustellen,
mag die objektiv leicht erkennbare Wahrheit
noch so weit davon entfernt sein.*

*There is hardly a dumber attitude
than assuming someone to be stupid
because he is less knowledgeable in your special
area of expertise.*

*Ironically, stupid people are always the quickest to
conclude that others are stupid.*

*Smart individuals always look for the
hidden genius in everyone in order to learn.*

*The weak-minded individual always believes
himself to be the very top of human civilization,
no matter how much evidence points
to the opposite conclusion.*

Intelligenz und Dummheit

Stop making stupid people into role models!

Hört endlich damit auf,
dumme Menschen zu Vorbildern zu machen!

Intelligenz und Dummheit

*Kein wahres Genie wird erwarten
als solches erkannt zu werden.*

*No true genius will expect
to be recognized as such.*

Postmoderne Aphorismen

Outside the Box

Postmoderne Aphorismen

Outside the Box

Realität ist auch nur
eine spezielle Form der Wahrnehmung.

Reality is merely
a form of perception.

Outside the Box

Es ist entscheidend zu erkennen,
dass man im Wald steht,
wenn man von Bäumen umgeben ist.

It is essential to realize you are standing in the
forest if you are surrounded by trees.

Outside the Box

Ich glaube sehr wenig,
aber ich halte fast alles für möglich.

I believe very little
but I consider almost anything possible.

Outside the Box

Um etwas wirklich Neues zu erschaffen,
ist es wichtig,
mit dem Alten nicht zu vertraut zu sein.

To create something truly new
it is of particular importance
not to be too familiar with the old.

Outside the Box

Don't take life too seriously...
it might kill you.

Nimm das Leben nicht zu ernst,
es könnte Dich sonst umbringen.

Outside the Box

*I like the thought that right after we die,
one of the first feelings will be total silliness
and embarrassment about everything we
thought to be true during our time on earth.*

*The alternative is of course
that we just die and cease to exist,
and even I consider this the likeliest scenario.*

*But there is little point in thinking
what that would be like, is there?*

*Ich mag den Gedanken, dass wir,
nachdem wir sterben, als eines der ersten Gefühle
totale Albernheit und Peinlichkeit
über das empfinden, was wir während unseres Zeit
auf der Erde für wahr gehalten haben.*

*Die Alternative ist natürlich,
dass wir sterben und damit einfach aufhören zu
existieren, und auch ich denke, dass dies das
wahrscheinlichste Szenario ist.*

*Aber es hat einfach nicht viel Sinn, sich
darüber große Gedanken zu machen, oder?*

Outside the Box

Nicht alles,
was anders ist,
ist Kunst.

Not all that is different is art.

Einsteins Universum

Postmoderne Aphorismen

Einsteins Universum

Die Realität ist sehr wahrscheinlich
nur eine Anomalie des Nichts

...und kann somit
statistisch vernachlässigt werden.

Reality is probably merely
an anomaly of nothingness
...and therefore negligible.

Einsteins Universum

So lange nichts Anderes bewiesen wurde,
ist für mich die dunkle Materie einfach
eine Wirkung ohne Ursache.
Wie ein erster Beweger.

Nicht, weil ich glaube, dass wir nie eine
Ursache werden nachweisen können,
sondern einfach, weil mir
der Gedanke so gut gefällt.

Absent evidence to the contrary, I take dark matter
as simply an effect without a cause,
comparable to a first mover.

Not because I believe that we
will never find an explanation but simply
because I like the idea so much.

Einsteins Universum

Das schöne als Zeitreisender ist,
dass man alle Zeit der Welt hat,
um genau zum richtigen Zeitpunkt zu kommen.

The beautiful thing about time travel is that you
have all the time in the world to be exactly on time.

Einsteins Universum

Es ist einfach nicht sehr wahrscheinlich,
dass die Welt so ist, wie wir sie wahrnehmen.

It just doesn't seem very likely that the world is
exactly how we perceive it.

Einsteins Universum

„Auch ein blindes Huhn findet mal ein Korn."
Wenn man so will,
der intellektuelle Tunneleffekt.

"Every dog has its day."
This is, if you will,
the intellectual tunnel effect.

Einsteins Universum

A wise man once said
"Insanity is doing the same thing over and over
again and expecting different results."

...and then came Heisenberg.

Ein weiser Mann hat mal gesagt: „Wahnsinn ist,
immer wieder das Gleiche zu tun und andere
Ergebnisse zu erwarten."

... und dann kam Heisenberg.

imho

Postmoderne Aphorismen

imho

I don't care what you kill.

*If you enjoy killing it
there is something wrong with you.*

*Mir ist egal, was Du tötest. Wenn es Dir Spaß
macht, stimmt etwas nicht mit Dir.*

imho

Eine revoltierende Minderheit ist keine Revolution, sondern eine selbstherrliche Gruppe, die der Mehrheit ihren Willen aufzwingen will und es durch übertriebenen Aktionismus bisweilen leider sogar schafft.

Das tun Diktatoren übrigens auch.

A revolting minority is not a revolution but merely a narcissistic group that wants to enforce its will on the majority. Their excessive activism may even lead to success.
Dictators show the same behaviour.

imho
_____

To live properly
you mustn't be afraid to die.

Um gut zu leben, darf man keine Angst
vor dem Sterben haben.

imho

To excel in something
is the best reason
to change your focus.

Outperformance ist der beste Grund,
sein Tätigkeitsfeld zu ändern.

imho

My goals in life?

Making money like a grownup
to lead the life every teenager dreams about.

Meine Ziele im Leben?
Geld verdienen wie ein Erwachsener,
um das Leben zu finanzieren,
von dem jeder Teenager träumt.

imho

*Am liebsten lerne ich einen Menschen
anhand seiner Laster kennen.*

Tugenden machen mich immer skeptisch.

*I prefer to get to know someone
through their vices.
Virtues always make me sceptical.*

imho

Choleriker sind armselig.

Choleric people are pathetic.

imho

You know, that's the beauty
with very smart people:

Sometimes they can put more wisdom
in a single sentence than others in a lifetime.

Das ist das wunderbare an sehr klugen Menschen.
Sie schaffen es manchmal, mehr Weisheit
in einen einzigen Satz zu packen
als andere in ein ganzes Leben.

imho
_____

*Wir sind doch
die Bildungsschicht dieses Landes.*

*Lasst uns doch nicht so dumm und
selbstsüchtig sein und unsere gesamte Zeit nur
mit Arbeit und Geldverdienen verbringen.*

*We are our country's educated class. Let's not
waste our whole lives ignorantly and selfishly on
working and making money.*

Postmoderne Aphorismen

Ego

Postmoderne Aphorismen

Ego

Ich respektiere alle Menschen!

Ich nehm' nur niemanden ernst.

> *Don't get me wrong.*
> *I very much respect everyone.*
> *I just don't take anyone seriously.*

Ego

Ach,
wie mich all diese
schönen Menschen langweilen.

How bored I am
by all these beautiful people.

Ego

Ich will Menschen,
die erkennen,
bevor sie sehen.

I want people
who understand before they see.

Ego

Having fun bores me.

Spaß langweilt mich.

Ego

I am careful long before I am afraid.

*Ich bin vorsichtig
lange bevor ich Angst habe.*

Ego

Of course I always think I am right.
It's called an opinion.

No, of course I don't think I am always right.
It's called an open mind.

There is a difference... and it's important.

Natürlich glaube ich immer, dass ich Recht habe.
Das nennt man eine Meinung.

Natürlich glaube ich nicht, dass ich immer Recht
habe. Das nennt man geistige
Unvoreingenommenheit.

Dazwischen besteht ein Unterschied...
und dieser ist wichtig.

Ego

Die Beobachtung der eigenen Gedanken amüsiert mich.

It amuses me to watch my own thoughts.

Ego

I am no rebel.

I am just different.

Ich bin kein Rebell.
Ich bin nur anders.

Ego

Symmetrie
hat einfach etwas sehr Beruhigendes.

Symmetry is just so very soothing.

Ego
_____

*Der größte Antrieb für meinen Fleiß
ist meine Faulheit.*

*The most powerful drive for my diligence
is my laziness.*

Ego

Wenige Dinge können mich so amüsieren, als wenn Menschen feststellen, dass ich ganz anders bin, als sie immer dachten.

Das schließt mich selbst sogar ein.

There are few things that have the potential to amuse me as much as when people realize that I am quite different than they have thought their whole lives.

Ego

Die anderen sind auch alle komisch.

Everyone else is weird, too.

Ego

Ich fühle mich oftmals mehr wie ein Dompteur meines Kopfes, als wie sein Befehlshaber.

I often feel more like my mind's lion tamer than its commander.

Ego

*Es gibt einfach noch so viele Dinge,
die ich noch nicht durchdacht habe.*

*There are just so many things
I haven't thought about yet.*

Punk Poetry
[explicit lyrics]

Postmoderne Aphorismen

Punk Poetry

Yes... but there is only one more thing worth a thought regarding everything you complain about, you shake your head about and you get immensely upset about:

Always consider the possibility that you are the dumb fuck and not the others.

Ja, aber eines gibt es zu bedenken. Bei allem, über das Du Dich beschwerst, den Kopf schüttelst oder Dich immens aufregen kannst, solltest Du immer auch die Möglichkeit in Betracht ziehen, dass Du das blöde Arschloch bist und nicht alle anderen.

Punk Poetry

Wenn es in unserer Gesellschaft üblicher wäre,
Menschen mit asozialem Verhalten
öfter, direkter aber deutlich unemotionaler
Feedback zu geben,
gäbe es auch nicht so viele Arschlöcher.

If it was common to react to antisocial behaviour
more frequently, more directly, but in a distinctly
less emotional manner there would
be fewer arseholes.

Punk Poetry

Mut ...

... ist bei vielen Menschen nichts anderes als Geltungsbedürfnis gepaart mit Dummheit.

Bravery in many people is just a desperate need for recognition paired with stupidity.

Punk Poetry

--- WINTER ---

Ich liebe es, wenn draußen plötzlich alles weiß und kalt ist. Als ob die Natur zur Welt sagt: „Halt doch einfach mal kurz die Schnauze!"

I love it when everything is white and freezing outside. As if nature were telling the world: "Just shut it for one sec!"

Punk Poetry

*If someone insults you, the best thing
you can do is truly not care about it.*

*Not only because this is
much better for your mental well-being
but especially because it really pisses them off.*

*Das Beste, was Du tun kannst, wenn Dich jemand
beleidigt ist, Dich wirklich nicht darum zu scheren.
Nicht nur, weil es Dir damit bessergeht, sondern vor
allem, weil es den anderen stinksauer macht.*

Punk Poetry

Life really feels like a zoo, no doubt about it.

The problem is, I just can't figure out which side of the bars I'm on.

Das Leben ist wie ein Zoo – keine neue Ansicht. Das Problem ist nur, dass ich einfach nicht herausfinden kann, auf welcher Seite der Gitter ich mich befinde.

Punk Poetry

*Once you got the hang of it,
being nice is so much easier
than being an arsehole.*

*Wenn man es mal kapiert hat, ist es viel einfacher
nett zu sein, als ein Arschloch.*

Punk Poetry

Sei kein Arschloch.

(frei nach Kant)

Don't be an arse.

Punk Poetry

Ein gutes Lotterleben erfordert
Disziplin, Konsequenz und Risikobereitschaft.

A good slovenly lifestyle requires discipline,
consistency and readiness to take risks.

Punk Poetry

Why is it that people with nothing to say are always most insistent that you let them finish?

Warum sind es immer die Menschen,
die nichts zu sagen haben,
die am meisten darauf bestehen,
dass man sie ausreden lässt.

Punk Poetry

Kinder? Ich liebe Kinder!
Die Eltern kann ich nur meist nicht ertragen.

Kids? I love kids!
It's the parents I usually can't stand.

Punk Poetry

*Some people are even too thick
to be properly drunk.*

*Manche Menschen schaffen es nicht mal, ordentlich
betrunken zu sein.*

Punk Poetry

Mode?
Ich weigere mich an etwas teilzunehmen,
von dem ich heute schon weiß, dass ich mich
morgen (wieder) dafür schämen werde.

Fashion? I refuse to take part in something I
already know I'll feel embarrassed by
tomorrow (again!).

Punk Poetry

*Gay people as well as any other alleged fringe groups should stop claiming that there is no difference between them and the others.
If there was no difference Christopher Street Day wouldn't look like it does.*

The point is not that there is no difference.

The point is that it doesn't fucking matter that there is a difference.

Schwule und andere vermeintliche Randgruppen sollten aufhören zu behaupten, es gäbe keine Unterschiede zwischen homo- und heterosexuellen Menschen. Wenn dem so wäre, wäre der Christopher Street Day weit weniger farbig und schrill.

Der entscheidende Punkt ist doch nicht, dass es keine Unterschiede gibt!

Der entscheidende Punkt ist, dass es verdammt noch mal egal ist, dass es Unterschiede gibt.

Punk Poetry

*I think many people only have kids
because they haven't found anything else
they would love to be doing
for the rest of their lives.*

*Ich denke, viele Menschen haben nur deswegen
Kinder, weil sie nichts anderes gefunden haben,
was sie gerne für den Rest ihres Lebens tun würden.*

Punk Poetry

Wahre Abkürzungen durchs Leben nehmen nur die, die sich die eigenen Wege schaffen.

Die anderen bescheißen einfach nur.

True shortcuts through life can only be taken by those who create their own paths.
Everyone else is just cheating.

Punk Poetry

The British are so polite;
they would never call you a jerk.
They might compliment you on how good you
are at being a jerk, though.

Die Briten sind so höflich,
sie würden Dir nie sagen, dass Du ein Idiot bist.
Sie könnten Dir allerdings ein Kompliment dafür
aussprechen, wie gut Du darin bist, ein Idiot zu sein.

Punk Poetry

It's not that the French are impolite because they insult people...

they just think it is an insult in itself not to be French.

*Es ist nicht so,
dass die Franzosen unfreundlich wären,
indem sie Menschen beleidigen.
Sie sehen es nur als Beleidigung in sich selbst an,
wenn jemand kein Franzose ist.*

Punk Poetry

Bad things happen to everyone.

It's just the weak who take it
as an excuse to become arseholes.

Jedem passieren schlechte Dinge im Leben.
Es sind die Schwachen, die es als Ausrede nehmen,
zum Arschloch zu werden.

Punk Poetry

Everybody is an artist.
Some are just not very good at it.

Jeder ist ein Künstler.
Manche sind nur nicht besonders gut.

Bayrisch

mia san mia ...
und ia sats komisch.

n/a

Danke.

Thanks.